»DIE ZUKUNFT IST NICHT ETWAS, WAS UNS EINFACH PASSIERT – DIE ZUKUNFT IST ETWAS, DAS WIR ERSCHAFFEN.«

Gerd Leonhard, Zukunftsforscher

Patricia Thoma

UNSERE ZUKUNFT träumen

INHALT

WAS WOLLEN WIR ESSEN? 8
WAS WOLLEN WIR ANZIEHEN? 16
WIE WOLLEN WIR WOHNEN? 24
WIE WOLLEN WIR UNS FORTBEWEGEN? 32
WIE WOLLEN WIR UNSERE ENERGIE ERZEUGEN? 40
WAS WOLLEN WIR WISSEN? 48
WAS WOLLEN WIR SPIELEN? 56

Wie wird unsere Welt in der Zukunft aussehen?
Welche Fähigkeiten und welches Wissen werden wir brauchen?
Und wie werden wir zusammenleben?
Nicht einmal der klügste Mensch kann all diese Fragen beantworten!

Nur eines lässt sich mit Sicherheit sagen:
Auch du bestimmst, wie die Zukunft sein wird, denn du kannst sie mitgestalten!

Aber wann genau beginnt die Zukunft?
In einigen Jahren oder wenn du die Schule beendet hast?

Die Zukunft beginnt jetzt!

Jetzt ist also die beste Zeit zu fragen: Wie soll unsere Welt aussehen?
Jetzt kann losgeträumt und groß gedacht werden.

WAS WOLLEN WIR ESSEN?

Schließe die Augen und träume dich ins Schlaraffenland.
Lust auf Nudeln, Burger, Pizza oder Erdbeertorte? Oder gleich alles auf einmal?
Riechst du den verlockenden Duft und siehst all die leckeren Speisen?
Na, hungrig geworden?

Sicherlich hast du schon erlebt, dass Essen nicht nur satt, sondern oft auch glücklich macht! Doch bevor dieses Glück auf deinem Teller landet, ist es nicht selten um die halbe Welt gereist. Erdbeeren beispielsweise werden auf riesigen Plantagen angebaut, bewässert, gedüngt und vor hungrigen Insekten geschützt.
Kannst du dir vorstellen, wie viele Menschen auf diesen Feldern arbeiten?
Nach der Ernte reisen die Beeren mit dem Flugzeug und Lastwagen bis in unseren Supermarkt und sehen so aus, als wären sie eben erst gepflückt worden.

SCHMECKEN SELBST GEPFLÜCKTE ERDBEEREN BESSER?

Stell dir vor, du pflanzt, bewässerst und erntest dein eigenes Obst und Gemüse. Du düngst die Setzlinge mit Kompost aus Biomüll, beobachtest, wie Bienen die Blüten bestäuben und Vögel hungrige Insekten fressen. Was sich so märchenhaft anhört, kannst du in den Berliner *Prinzessinnengärten*[1] selbst erleben. Ob selbst Angebautes besser schmeckt, musst du aber schon selbst herausfinden.

Ähnliche Ideen gibt es auch in anderen Städten: In New York könntest du in diesem Gewächshausbaum[2] sogar das ganze Jahr über leckere Beeren ernten. Denn hier wachsen die Pflanzen dank der Wärme spendenden Solarzellen sogar im Winter.

VIEL NAHRUNG BRAUCHT WENIG PLATZ

Unsere Städte wachsen. Gleichzeitig werden die Landflächen, auf denen wir Nahrungsmittel anbauen und Nutztiere halten können, knapper. Weltweit wird also nach neuen Ideen gesucht!
Stell dir vor, diese *Superfarm*[3] könnte Lebensmittel auf engstem Raum für eine ganze Großstadt produzieren. Sogar bei Naturkatastrophen wie Dürren und Überschwemmungen könnte hier weitergearbeitet werden.
Und so könnte es funktionieren: Ganz oben wohnen Bienen. Sie bestäuben die Nutzpflanzen. Eine Etage tiefer leben Speisefische. Mit deren Abwasser werden die Nutzpflanzen gegossen und gedüngt, denn darin sind die Ausscheidungen der Fische enthalten. In der unteren Etage befindet sich die Insektenzucht, eine klimafreundliche Alternative zur Haltung von Kühen und Schweinen. Denn die kleinen Krabbeltiere erzeugen kein klimaschädliches Methan und sind zudem nahrhaft und gesund.

Ob der Designer dieser *I-cakes*[4] von den bunten Leckereien inspiriert war, die *Hänsel und Gretel*[5] im Märchen verknuspert haben?
Diese Wunderküchlein enthalten alle Nährstoffe, die du für einen ganzen Tag brauchst. Anstatt also morgens, mittags und abends zu essen und danach das Geschirr zu spülen, würde ein einziger Happen für eine ausgewogene Ernährung reichen.
Was so märchenhaft klingt, könnte Menschen beispielsweise bei Naturkatastrophen oder in Kriegsgebieten ernähren.

DER PAPPTELLER WAR GESTERN

Nach einem Picknick im Park sind nicht nur wir pappsatt, sondern auch der Mülleimer. Vor lauter Papptellern, Plastikbechern und -besteck quillt er über. Dieses Wegwerfgeschirr wird von Kreativen gestaltet und anschließend aufwändig produziert, um nur ein einziges Mal verwendet zu werden!
Wie wäre es, wenn wir Bananenblätter als Teller benutzen, anschließend kompostieren und als Dünger verwenden? Dieses besondere Essgeschirr gibt es beispielsweise auf den Philippinen.

Da Bananen aber nicht überall wachsen, gibt es noch andere kreative Ideen. Diese Schalen[6] bestehen aus Algen. Sie lassen sich überall züchten, wachsen schnell und sind pflegeleicht. Wenn du nach dem Picknick noch hungrig bist, müsstest du dein Geschirr nicht einmal spülen, sondern könntest es einfach aufessen: Algen sind nämlich nahrhaft und gesund.

WAS WOLLEN WIR ANZIEHEN?

Hast du ein Lieblings-T-Shirt, in dem du dich so richtig wohlfühlst?
Wurde es gekauft oder sogar selbst genäht?
Unsere »zweite Haut« schützt uns nicht nur vor Kälte und Hitze. Mit ihr zeigen wir auch, wie besonders und cool wir sind. Und natürlich möchten wir wegen unserer Klamotten auf keinen Fall ausgeschlossen werden.

Kennst du das Gefühl, sich bei jedem Shoppen in ein neues T-Shirt zu vergucken?
Aber weißt du, wo und von wem es hergestellt wurde?
Schau doch mal auf das Etikett! Hier erfährst du, woher es kommt und aus welchen Materialien es besteht – aber nicht, wie viel Mühe seine Herstellung gemacht hat.

KLEIDER AUS DER MÜLLTONNE

Unsere Kleidung wird oft in riesigen Fabriken hergestellt. Dann reist sie im Containerschiff aus verschiedenen Ländern Asiens um den halben Globus bis in unsere Shoppingmall. Da Naturmaterialien teuer sind, bestehen Textilien oft aus erdölhaltigen Kunstfasern. Die bleiben auch Jahrhunderte später als Miniplastikpartikel bestehen. Modeschaffende suchen deshalb nach Möglichkeiten, die Transportwege zu verkürzen und natürliche Materialien zu verwenden.

Doch was passiert eigentlich mit den Sachen, die wir nicht mehr tragen wollen und wegschmeißen?
Nabukenya Alien[7] ist in einem Slum in Uganda aufgewachsen. Auch dort liegt auf den Straßen viel Müll herum. Das wollte die Designerin ändern. Mit anderen Modebegeisterten ihres Viertels überlegte sie, wie sich daraus fantasievolle Kleidung herstellen lässt. Gefällt dir ihr gelb gemustertes Oberteil?
Oder wie wäre es mit einem dieser Schulranzen? Der Modemacher Olayemi Samson näht sie aus recycelten Plastiktüten.[8]

KÖNNEN KLEIDER SPRECHEN UND FÜHLEN?

Was verrät dein Lieblings-T-Shirt über deinen Charakter?
Schau dich mal an: Magst du knallig bunte oder gedeckte Farben? Stehst du gerne im Rampenlicht oder ziehst du lieber die Fäden im Hintergrund?
Kannst du dir vorstellen, dass deine Kleidung noch viel mehr über dich erzählen könnte, zum Beispiel, wie du dich gerade fühlst? Wenn sich dein T-Shirt dann rot verfärben würde, wüssten alle, dass du stinksauer bist und in Ruhe gelassen werden willst. Was so verrückt klingt, hat Jasna Rok[9] bereits in die Realität umgesetzt: Ihre Kleidung ist über Sensoren mit dem Gehirn verbunden und passt sich farblich den Gefühlen an.

Was aber, wenn du umarmt und getröstet werden möchtest, doch alle sind weg? Auch dafür gibt es eine Lösung: In dieses *Umarmungsshirt*[10] sind ebenfalls Sensoren eingenäht. Wenn deine Eltern ihr Shirt berühren, spürst du ein leichtes Vibrieren und dein Shirt erwärmt sich. Könnte dich das etwas trösten?

WENN KLEIDUNG UND KÖRPER VERSCHMELZEN

Greifst du morgens beim Anziehen nach dem, was gerade da liegt, oder achtest du penibel darauf, was zueinander passt? Hast du dann manchmal das Gefühl, dass die Kleidung sogar ein Teil von dir wird?
Bei der Schauspielerin Angel Giuffria[11], die nur mit einem Arm geboren wurde, sind Prothesen Teil ihres Körpers geworden. Passend zur Kleidung wählt sie einen ihrer »künstlichen Arme« aus. Damit kann sie tasten, greifen und auch zuschlagen. Mit Angel solltest du dich lieber nicht anlegen, denn ihr Arm ist aus Kunststoff und Metall.
Bei Dreharbeiten für Science-Fiction-Filme verwendet sie übrigens eine ganz besondere Prothese, die sich in ein Laserschwert verwandeln lässt. Abgedreht, oder?

Prothesen ermöglichen Menschen ein selbstbestimmtes Leben. Doch kann Kleidung sogar Leben retten? Darüber hat sich die Designerin Aroussiak Gabrielian[12] Gedanken gemacht. Wenn durch Naturkatastrophen Häuser und Lebensmittelvorräte zerstört werden, könnten sich Menschen von ihrer eigenen Kleidung ernähren.
Auf dieser Jacke wachsen essbare Pflanzen. Sie müssen nicht bewässert werden, sondern »trinken« den nährstoffreichen Urin der Menschen. Auch Insekten, die für die Bestäubung der Pflanzen sorgen, könnten hier überleben.

WIE WOLLEN WIR WOHNEN?

Hast du Lust auf ein eigenes kleines Zuhause?
Hier könntest du Freunde zum Picknick einladen oder dich verstecken, wenn du von niemandem gestört werden willst. Doch woraus könntest du das bauen? Aus Naturmaterialien wie Holz, Steinen oder sogar Lehm.

Normalerweise entstehen Häuser heute aus Stahl, Beton und Glas. Diese Baustoffe werden in Fabriken hergestellt und über weite Strecken transportiert. Anders als Naturmaterialien heizen sie sich im Sommer auf und kühlen im Winter aus. Das heißt, wir verbrauchen viel Energie, um unsere Zimmer herunterzukühlen und dann wieder zu erwärmen. Wird ein Haus abgerissen, muss alles aufwändig entsorgt werden.
Gesucht sind also Naturbaustoffe, die ein angenehmes Raumklima schaffen, vor Ort vorkommen und sogar wiederverwendet werden können.

EIN HAUS AUS KUHFLADEN UND LEHM

Diese Rundhütte[13] wurde aus Ästen gebaut und anschließend mit einer Mischung aus Lehm und Kuhdung verputzt. Dieses Mischmasch ist ein perfektes Baumaterial, denn es speichert sowohl Kälte als auch Wärme. In den Sommermonaten nehmen die Wände die kühlen Temperaturen der Nacht auf und geben diese am Tag wieder ab. Bei kühleren Temperaturen wird die Wärme der Feuerstelle für die Nacht gespeichert.

Dieses Lehmhaus[14] verbindet Tradition mit Hightech, denn es wurde im 3D-Druck erstellt. Mit diesem Verfahren könntest auch du, je nach Geschmack, ein Häuschen oder ein Schloss entwerfen und anschließend ausdrucken. Dazu bräuchtest du weder einen Bauplan noch eine Baumannschaft und Lehm gibt es fast überall.
Wenn dir dein kleines Eigenheim dann nicht mehr passt, kannst du es jederzeit einstampfen und ein neues drucken.

DIE STADT WIRD GRÜN

Die Weltbevölkerung wächst und immer mehr Menschen ziehen in die Städte. Neue Wohnanlagen entstehen auf Grünflächen, die vorher von Kindern zum Spielen genutzt wurden. Daher wird nach Möglichkeiten gesucht, Natur und Architektur zu verbinden. Eine Lösung sind »grüne« Häuser. Die Pflanzen filtern und kühlen die Luft und sorgen inmitten der Großstadt-Hektik für Entspannung. Sogar Vögel und Insekten finden hier ein neues Zuhause.
Lust, zusammen mit deinem Baumhaus[15] groß zu werden? Dann solltest du schon jetzt mit dem Pflanzen beginnen! Schließlich werden alle Wände und Etagen deines Hauses von Stämmen und Ästen gehalten. Und wenn du groß bist, kannst du hier einziehen.

Oder möchtest du lieber in der grünen Inselstadt *Seerosenblatt*[16] wohnen? Was so blumig klingt, könnte mit Hilfe eines 3D-Druckers aus recyceltem Kunststoff entstehen. Die Idee des grünen Wohnens in der Großstadt ist aber alles andere als neu, schließlich war es hier schon immer laut, hektisch und schmutzig. Vielleicht hat sich der Architekt des *Seerosenblatts* von diesem *Trichterhaus*[17] inspirieren lassen, das schon vor über 50 Jahren entworfen, aber nie realisiert wurde.

HÄUSER IN BEWEGUNG

Als Folge des Klimawandels sind einige Regionen der Erde bald nicht mehr bewohnbar. Viele Menschen werden sich ein neues Zuhause suchen müssen. Sollten wir also Häuser entwerfen, mit denen wir gemeinsam umziehen können? In der Mongolei beispielsweise ziehen die Nomaden mit ihren Jurten seit Jahrtausenden dahin, wo ihre Tierherden Futter finden. Und trotz extremer Temperaturen zeigt das Thermometer in diesen Häusern aus Wollfilz und Holz immer »Wohlfühltemperatur« an.
Vielleicht hat sich der Architekt dieses *Minihauses*[18] auf Rädern von den Jurten inspirieren lassen? In diesem Haus kannst du überall auf der Welt kochen, schlafen, duschen und auch mal so richtig rumtoben, ohne dass gleich der Nachbar klingelt.

Auch in diesem Luftblasenhotel[19] könntest du dich, von einem Windstoß angetrieben, an jeden Ort deiner Wünsche bewegen. Über ein Kabel wird deine Blase dann mit Strom versorgt. Was sich wie Science Fiction anhört, ist schon vor über 50 Jahren erfunden, aber nie verwirklicht worden.

Wenn es auf dem Planeten Erde irgendwann zu ungemütlich werden sollte, könntest du auch in eine Raumkapsel[20] steigen und dich in diesem kuppelartigen Haus auf dem Mars einquartieren.
Oder soll es gar nicht so weit kommen?

WIE WOLLEN WIR UNS FORTBEWEGEN?

Stell dir vor, du hast verschlafen: Wie wäre es, von einem selbst fahrenden Auto oder einem fantasievollen Fluggerät zur Schule gebracht zu werden? Oder du lässt dich direkt ins Klassenzimmer beamen, wie in der Science-Fiction-Serie *Star Trek*. Und am Nachmittag unternimmst du mit deinen Freunden einen Kurztrip ins Weltall oder reist mit einer Maschine durch die Zeiten.
Während du diese Zeilen gelesen hast, sind deine Gedanken zur Schule, ins Weltall und durch die Zeiten geflitzt – und das ganz ohne technische Hilfsmittel. Auch unser Körper kann sich meist aus eigener Kraft fortbewegen, nur nicht so schnell und weit, wie wir es uns manchmal wünschen.

ZUM LAUFEN BRINGEN

Heute werden wir in rasantem Tempo von A nach B bewegt. Unser Körper aber, eine der genialsten »Bewegungsmaschinen« überhaupt, bleibt dabei immer sitzen.
Wie können wir uns also wieder zum Laufen bringen? Schließlich hält Bewegung gesund und fördert die Konzentration!
Übrigens: Vor der Erfindung des Autos waren Straßen ein riesiger Spielplatz. Heute sind sie gefährlich, schmutzig und laut.

Wünschst du dir auch, dass die Straßen in Zukunft so grün und ruhig wie auf diesem Entwurf aussehen, der für die Stadt New York[21] entwickelt wurde? Hier könntest du mit deinen Freunden spielen, chillen und sogar um die Wette rennen. Als Cyborg[22] mit Sprungfederbeinen würdest du dieses Rennen garantiert gewinnen.

Auch die Athletin Aimee Mullins[23] läuft bei den Paralympischen Spielen allen davon und erzielt Weltrekorde. Doch für sie sind die Sprungfederbeine keine verrückte Idee. Prothesen ermöglichen ihr ein Leben in Bewegung, wie auch anderen Menschen, die zum Beispiel durch einen Unfall ihre Beine verloren haben.

NEUE VERKEHRSMITTEL AUS DER VERGANGENHEIT

In Zukunft werden immer mehr Menschen in die Städte ziehen. Sie alle wollen sicher und schnell die Schule oder den Arbeitsplatz erreichen, doch die Straßen sind völlig verstopft. Auf der Suche nach Lösungen werden dabei auch alte Ideen wiederentdeckt.

Schon immer waren Kreative ihrer Zeit voraus. Ihre Vorschläge wurden jedoch nicht immer umgesetzt, so wie diese Schienenautos[24], die schon vor über 50 Jahren entworfen wurden. Diese Idee steht wieder auf der To-do-Liste von Unternehmen weltweit, da sich so gefährliche Unfälle und endlose Staus vermeiden ließen.
Ebenso sicher wäre die Fahrt in einem fliegenden Bus[25]. Dieser könnte mit Windenergie betrieben werden und sogar die Luft filtern. Der Blick auf die Stadt wäre überirdisch und im Fahrpreis enthalten.

Doch welches Transportmittel würdest du für eine weite Ferienreise wählen? In der Kapsel eines *Hyperloops*[26] könntest du beinahe in Schallgeschwindigkeit, also viel schneller als mit dem Flugzeug, ans Ziel deiner Wünsche gelangen – und das mit Sonnenenergie! Neu ist diese Idee nicht: Schon vor über 50 Jahren entstand der Entwurf für ein Tunnelsystem, in dem Menschen blitzschnell in Kapseln transportiert werden sollten.[27]

Unterirdische Kurztrips konnten übrigens schon vor 150 Jahren in der U-Bahn gebucht werden. Für die Menschen jener Zeit, die vor allem an gemächliche Pferdefuhrwerke gewöhnt waren, muss diese Bahn so spooky gewirkt haben wie für uns der *Hyperloop*.

WENN'S BRENZLIG WIRD

Doch wie gelangen wir an einen Ort, der für uns zu gefährlich ist, beispielsweise, um Menschen aus einem eingestürzten oder brennenden Haus zu retten?
Für den Roboter *Momaro*[28] ist das kein Problem. Der kleine Helfer kann wie ein ferngesteuertes Auto in brenzligen Situationen zum Einsatz kommen und zum Beispiel Trümmerteile aus dem Weg schaffen.
Riskante Jobs könnten auch beflügelte Feuerwehrleute[29] erledigen, die schon vor über 100 Jahren gezeichnet, aber noch nicht zum Leben erweckt wurden.
Könnte sich vielleicht auch eine ganze Stadt fortbewegen, um ein Katastrophen- oder Kriegsgebiet zu verlassen? Für diesen Fall wurde die *Laufende Stadt*[30] schon vor 50 Jahren mit langen Spinnenbeinen gezeichnet, doch – du ahnst es sicher – nie gebaut.

WIE WOLLEN WIR UNSERE ENERGIE ERZEUGEN?

Kennst du das? Du wachst morgens auf und denkst: Heute habe ich keine Power. Wie sollst du es so in die Schule schaffen und die knifflige Matheaufgabe lösen? Doch nach einem leckeren Frühstück fühlst du dich fit, in den neuen Tag zu starten.
Nicht nur du, sondern viele Dinge brauchen »Nahrung«, um in Gang zu kommen. Unsere Elektrogeräte und Fahrzeuge beispielsweise »fressen« viel Strom oder Treibstoff. Und der Bedarf an Energie steigt ständig, weil immer mehr Menschen auf diesem Planeten leben.
Doch woher soll all die Power in Zukunft kommen?

Schon heute wird Strom teilweise aus erneuerbaren Energiequellen wie Sonne, Wind und Wasser erzeugt. Ziel ist es, bald auf fossile Energien[31] und Atomkraft verzichten zu können, denn diese verschmutzen die Umwelt, müssen über weite Strecken transportiert werden oder sind gefährlich. Die Möglichkeiten für sichere und saubere Energiegewinnung scheinen grenzenlos – schließlich ist das ganze Universum voller Power.

LAUFEND ENERGIE ERZEUGEN

Deine eigene Kraft reicht nicht nur für ein kleines Windrad. Sie kann auch dein Fahrrad zum »Laufen« und sogar das Vorder- und Rücklicht zum Strahlen bringen.
Doch wie wäre es, mit bloßen Schritten einen Bahnhof zu erleuchten? Diese Vision gibt es bereits für den Nordbahnhof in Paris.[32]
Hier könnten elektromagnetische Bodenplatten auf dem Bahnsteig verlegt werden. Wenn du dann, neben Tausenden anderer Reisender, darüberläufst, wird eure Bewegung in Energie umgewandelt. Damit könnten nicht nur der ganze Bahnhof, sondern auch angrenzende Wohnviertel mit Strom »gefüttert« werden.

AUS MÜLL WIRD KRAFT

Was hast du heute gefrühstückt, vielleicht ein Apfel-Bananan-Müsli? Kerngehäuse und Schalen landen dann in der Biotonne. Dieses »Tuttifrutti« wird später in einer Biogasanlage von Bakterien verspeist und dabei in Energie umgewandelt. Diese könnte dann wiederum euren Kochherd befeuern. Und was die Winzlinge nicht schaffen, landet als Kompost auf Plantagen und gibt beispielsweise jungen Apfelbäumen Kraft.

In vielen Ländern aber wird Bioabfall einfach auf Müllhalden entsorgt, zusammen mit Plastik- und Papierresten. Pashon Murray[33] aus Detroit in den USA stank das gewaltig. Mit ihrem Team holt sie deshalb Speiseabfälle in Haushalten und Restaurants ab und veredelt diese zu wertvoller Komposterde.

Wusstest du, dass es sogar eine Biogasanlage[34] für den eigenen Haushalt gibt? Das ist praktisch, denn Strom und Gas sind in vielen Dörfern der Welt nicht verfügbar oder sehr teuer. Etwa die Hälfte der Menschen kocht deshalb auf offenen Feuerstellen. Das aufwändige und anstrengende Suchen nach Brennmaterial wird oft von Kindern erledigt. Mit einer Biogasanlage kann die gewonnene Zeit für spannendere Dinge genutzt werden, zum Beispiel, um in die Schule zu gehen.

Die Möglichkeiten, aus Müll Kraft zu gewinnen, scheinen unendlich: Im dicht besiedelten Stadtstaat Hongkong lieben die Menschen leckeres Essen und so bleiben viele Speisereste übrig. Was hältst du von der Idee, diesen Müll in Blubbermaterial[35] zu verwandeln und damit die Stadt vor Sonneneinstrahlung zu schützen? Denn hier ist es immer heiß und energiefressende Klimaanlagen könnten so auch mal Pause machen.

DAS GOLD AUS DEM KLO

Diese Inderinnen backen in ihren Tonschalen keine Sandkuchen, sondern pressen feuchte Kuhfladen in die gewünschte Form. In vielen Ländern »füttern« Menschen seit Jahrtausenden ihre Feuerstellen nicht mit Holz, sondern mit dem getrockneten Mist ihrer Kühe. Das ist bequem, spart Zeit und stinkt kein bisschen.
Hast du schon einmal überlegt, was mit dem Inhalt in der Kloschüssel geschieht, nachdem du den Spülknopf gedrückt hast? Alles gelangt in die Kanalisation und wird oft ungenutzt entsorgt, obwohl daraus Energie gewonnen werden könnte. Die unappetitliche Brühe ist also ziemlich wertvoll!

Dieses Wissen könnte den Alltag von Menschen verbessern, die überhaupt keine Möglichkeit haben, ein sauberes Klo zu benutzen. Sie leben zum Beispiel in Slums und müssen ihre »Notdurft« in unhygienischen öffentlichen Toiletten oder im Freien erledigen. So können sich gefährliche Krankheiten ausbreiten.
In Kenia entwickelte Lindsay Stradley[36] deshalb Toiletten, die ohne Kanalisation funktionieren. Die Ausscheidungen werden hier in Behältern aufgefangen, gereinigt, zu einer Kompostieranlage gebracht und in organischen Pflanzendünger umgewandelt. Eins ist jedenfalls sicher: Diese »besondere« Energie wird uns niemals ausgehen.

WAS WOLLEN WIR WISSEN?

Bist du auch so neugierig und fragst Erwachsenen gerne Löcher in den Bauch? Dann hast du etwas mit Philosophierenden gemeinsam. Die haben das Fragenstellen nämlich zu ihrem Beruf gemacht.
Der große Denker Sokrates[37] zum Beispiel nervte die anderen oft mit seinen Fragen. Von ihm stammt der berühmte Satz: »Ich weiß, dass ich nichts weiß«, denn er war nicht nur intelligent, sondern auch weise. Daher konnte Sokrates ganz entspannt zugeben, dass selbst er vieles nicht wusste. Und sicherlich hast du auch schon bemerkt, dass sich viele deiner Fragen nicht beantworten lassen, auch nicht mit dem besten Smartphone.

Als Baby warst du übrigens noch wissbegieriger als jetzt. Wie sonst hättest du Sprechen und Laufen so schnell lernen können? Damals hattest du einen unersättlichen inneren Drang, dir alles selbst beizubringen. Dabei hast du dich selten über Fehler geärgert, sondern daraus gelernt und einfach weitergemacht.

Was kommt nach dem Tod?

Warum bin ich auf der Welt?

Was passiert in der Zukunft?

WIE KOMMT DAS WISSEN IN DEINEN KOPF?

Vor über 100 Jahren hat sich dieser Zeichner[38] vorgestellt, dass in Zukunft »Bücherwissen« mithilfe einer Maschine direkt ins Gehirn der Kinder geleitet wird.
Werden die Infos dann wie auf einer Computerfestplatte gespeichert und sind jederzeit abrufbar? Wenn ja, wäre das nicht praktisch für deine nächste Klassenarbeit? Aber: Wäre all dieses Wissen überhaupt wissenswert?

Hast du dich schon einmal gefragt, was wirklich deine Neugier weckt?
Oft entscheiden ja Erwachsene darüber, was dich interessieren sollte. Und du versuchst dann, Worte oder Zahlen in deinen Kopf hineinzustopfen. Doch dieser Wissensbrei verklebt deine Gehirnwindungen, und schon nach kurzer Zeit hast du vieles vergessen. Wenn du aber neugierig bist, schalten deine Ampeln auf »Grün«. Dann haben Worte und Zahlen freie Fahrt! Und wenn dich etwas so richtig fesselt, dann vergisst du es überhaupt nicht mehr.

Heute verstehen wir schon viel besser, wie unser Gehirn funktioniert. Deshalb werden in Schulen Kinder dazu angeregt, die Welt selbst zu erforschen und Zusammenhänge zu erkennen.[39]

In diesen lichtdurchfluteten Lernzonen[40] entdecken die Kinder spielerisch, was sie ganz besonders interessiert. Natürlich begeistern sich nicht alle für das Gleiche. Im Austausch mit anderen jedoch kann selbst scheinbar Langweiliges spannend werden, denn Begeisterung steckt an.

Auf dem Bild siehst du riesige Fenster, die den Blick auf die Welt öffnen. Denn wir lernen nicht nur in der Schule, sondern immer und überall.

EIN SUPERHIRN LERNT FÜHLEN

Warum sollst du noch etwas wissen, wenn dein Smartphone doch alles weiß? Im Internet[41] können wir immer und fast überall einen unermesslichen Wissensschatz abrufen, den Profis auf der ganzen Welt zusammengetragen haben. Dieser Schatz, von dem sich jeder Mensch nur einen Bruchteil aneignen kann, gehört uns allen gemeinsam. In diese Wertsachen haben sich aber auch falsche Juwelen und wertloser Klunker eingeschlichen, denn alle können Infos im Internet veröffentlichen. Woher weißt du dann, was richtig und falsch, was wichtig und unwichtig ist? Zum Glück hilft dir dein Gehirn, den Durchblick zu behalten.

Können wir das Denken auch einem Computer beibringen, der zum Beispiel in einem Roboter eingebaut ist? Der Roboter-Lehrer *Elias*[42] wurde mit viel Wissen »gefüttert«. Er ist intelligent[43] und kann fast alle Fragen beantworten. Würdest du gerne von *Elias* unterrichtet werden? Er ist niemals ungeduldig und würde an deinem Lächeln ablesen, dass du alles verstanden hast. Aber würde er sich darüber auch freuen können?
Elias gehört zu den »intelligenten« Maschinen, die Gefühle zwar erkennen, aber nicht selbst erzeugen können. Deshalb tüfteln Forschende daran, unser Gehirn mit einem Computer zu verbinden. Dieses »Superhirn« könnte dann denken – und fühlen.[44]

GENIALE FEHLER

Ärgerst du dich manchmal, wenn du etwas nicht weißt oder Fehler machst? Dabei können aus Missgeschicken mit Hilfe der Fantasie[45] manchmal geniale Erfindungen[46] entstehen. Hier sind Menschen dem Computer weit voraus, der sich weder irren noch fantasievoll sein kann.
In Zukunft könnten wir uns also besonders auf jene Fähigkeiten besinnen, die ein elektronisches Gehirn nicht hat.[47] Und weil uns die Fantasie angeboren ist, sind wir bestens für die Zukunft gewappnet.

Wie wichtig Fantasie ist, hat schon Albert Einstein erkannt, der einmal sagte: »Fantasie ist wichtiger als Wissen, denn Wissen ist begrenzt, Fantasie aber umfasst die ganze Welt.«[48]
Allerdings kann uns diese Vorstellungskraft im Laufe des Lebens auch verloren gehen. Hast du eine Idee, wie wir sie für immer bewahren können?

WAS WOLLEN WIR SPIELEN?

Als Baby hast du mit großer Begeisterung deinen Körper erkundet und dich so kennengelernt: Die Lust am Spielen wurde dir nämlich in die Wiege gelegt.[49] Auch heute kannst du dich immer wieder neu entdecken. Schlüpfe mit Hilfe deiner Vorstellungskraft doch mal in die Rolle eines Monsters oder einer Comicfigur!

Auch deine Umgebung hast du nach und nach spielend »begriffen«. Jetzt kannst du dich spielerisch und mit Hilfe deiner Fantasie überallhin beamen.

Spielen kann ganz leicht, aber auch ziemlich kompliziert sein. Spielen macht Spaß, ist spannend, ernst, gefährlich und manchmal sogar grausam.

SPIELEND DIE WELT VERBESSERN

In Onlinespielen kannst du ganz bequem in verschiedene Rollen schlüpfen und künstliche Welten kennenlernen, die sich Kreative ausgedacht haben.
Mit einer 3D-VR-Brille[50] kannst du dich in diesen Spielen sogar ganz frei bewegen und musst keine Sorge haben, als Couch-Potato zu enden. Mit speziellen Datenhandschuhen[51] lassen sich hier Dinge berühren, die es in Wirklichkeit nicht gibt.
In Zukunft aber wirst du diese Brille gar nicht mehr brauchen. Besondere Kontaktlinsen können die künstlichen Welten direkt vor deinen Augen entstehen lassen.[52] Ein einfaches Blinzeln startet und beendet dann das Spiel.

Mit Onlinespielen entdeckst du aber nicht nur Fantasieräume, sondern auch die wirkliche Welt neu. In sogenannten *ernsten Spielen*[53] kannst du in die Haut anderer Menschen schlüpfen und das Leben mit ihren Augen betrachten. Hier lässt sich erproben, wie unsere Welt gerechter, lebenswerter und schöner werden kann.
Die Idee, spielend die Welt zu verbessern, ist aber nicht neu. Schon vor über 60 Jahren wurde ein Spiel für den Weltfrieden erfunden. Hier können zum Beispiel gemeinsam kreative Lösungen für eine gerechtere Verteilung von Reichtum gesucht werden.[54]

HELDENHAFT REGELN BRECHEN

Alle Spiele funktionieren nur mit festen Verabredungen, die außerhalb dieser Spielwelt nicht gelten.[55] Was aber, wenn zum Beispiel beim Onlinespiel die Figuren aus ihren Rollen schlüpfen und vorgesehene Wege verlassen?[56] Gerät dann alles in Unordnung und das Spiel ist aus? Nicht immer!

Aus Tohuwabohu kann manchmal etwas Neues und Bahnbrechendes entstehen, was der Philosoph Friedrich Nietzsche ganz poetisch beschrieb: »Man muss noch Chaos in sich haben, um einen tanzenden Stern gebären zu können.«[57]

Was du in Onlinespielen gefahrlos ausprobieren kannst, braucht in der realen Welt manchmal großen Mut. Kann es also heldenhaft sein, im alltäglichen Leben etwas in Frage zu stellen oder Regeln zu brechen?

Sicherlich kennst auch du das grausame Spiel auf diesem Bild. Es funktioniert nur deshalb, weil sich alle an geheime Regeln halten. Wie würde es sich anfühlen, diese Regeln einmal auszusprechen oder sogar zu brechen?

DAS LEBEN SPIELEN

Kannst du dir vorstellen, dass du im Laufe deines Lebens das Spielen verlernst, weil es für dich dann wichtigere Dinge gibt?
Nicht nur der Schriftsteller Pablo Neruda fände das jammerschade, denn er meint: Ein Kind, das nicht spielt, ist kein Kind. Aber Erwachsene, die nicht spielen, haben für immer das innere Kind in sich verloren und werden es schrecklich vermissen.[58]

Vielleicht kann also das ganze Leben gespielt werden?
Schließe einmal die Augen und beginne zu träumen: Wie fängt dieses Lebensspiel an?
Na logisch, starten würden hier alle mit den gleichen Chancen.[59] Und weiter?
Beim Ausprobieren verschiedener Rollen lernen wir uns besser kennen und entdecken uns sogar ganz neu. Und so ganz nebenbei kapieren wir dabei auch, wie andere Menschen so »ticken«. Unsere Umgebung, ja sogar die ganze Welt, gucken wir uns auch mal aus einem neuen Blickwinkel mit einer »anderen Brille« an. Und da Fehler ein Teil des Abenteuers sind, wagen wir immer wieder Neues.
Na, schon startklar?

WAS WOLLEN WIR ESSEN?

[1] Die *Prinzessinnengärten* wurden 2009 von Marco Clausen und Robert Shaw in Berlin gegründet. In recycelten Behältern kann hier Obst und Gemüse angebaut werden. → Seite 10

[2] Das Architekturbüro *Framlab* hat 2018 in New York das Projekt *Glasir* entwickelt. In diesem Gewächshausgarten können die Anwohnerinnen und Anwohner das ganze Jahr über frisches Obst und Gemüse anbauen und ernten. Gedüngt werden die Pflanzen mit dem Biomüll der Haushalte, gegossen wird mit Regenwasser. → Seite 11

[3] Das französische Designbüro *Studio NAB* hat 2019 die *Superfarm* entworfen. Hier können auf engstem Raum essbare Pflanzen angebaut und Nutztiere gehalten werden. → Seite 12

[4] Diese Kuchen (*I-cakes)* hat der Spanier Martí Guixé 2001 entworfen. Der Designer beschäftigt sich mit der Gestaltung von Lebensmitteln, also mit »Food Design«. → Seite 13

[5] Das Volksmärchen *Hänsel und Gretel* wurde von den Gebrüdern Grimm gesammelt und aufgeschrieben. Dieses Bild beruht auf der Illustration *Hänsel und Gretel* von Paul Meyerheim, die 1874 im Buch *Kinder und Hausmärchen. Kleine Ausgabe* veröffentlicht wurde. → Seite 13

[6] Die deutsche Designerin Julia Lohmann und ihre litauische Kollegin Marcis Ziemins haben 2013 kompostierbares Geschirr aus Algen gestaltet – als Alternative zu »Einmalgeschirr« aus Pappe und Kunststoff. → Seite 15

WAS WOLLEN WIR ANZIEHEN?

[7] Die Modedesignerin Nabukenya Alien aus Uganda arbeitet mit Jugendlichen aus Slums zusammen. Für ihr Modelabel *Njola Impressions* stellt sie Kleidung und Accessoires aus Müll und Industrieabfall her. → Seite 19

[8] Der Modedesigner Olayemi Samson aus Nigeria stellt Accessoires wie Schulranzen und Regenmäntel aus Plastiktüten her, die er in Mülldeponien findet, säubert und dann verarbeitet. → Seite 19

[9] In ihrem Kleid *Braight*, welches Teil der Kollektion *Fashion on Brainwaves* ist, verbindet die Designerin Jasna Rok aus Belgien Textilien mit Hi-Tech und wird dabei von der japanischen Technologiefirma Fujitsu unterstützt. → Seite 20

[10] Die Modeschaffenden Francesca Rosella und Ryan Genz aus England haben 2002 ein *Hug Shirt* entwickelt, mit dem Umarmungen aus der Ferne gesendet werden können. → Seite 21

[11] Die US-amerikanische Schauspielerin Angel Giuffria wurde mit nur einem Arm geboren. In Zusammenarbeit mit Kreativen gestaltet sie ihre eigenen Armprothesen. Die sehen extravagant aus und können beim Filmdreh sogar als Laserschwert verwendet werden. → Seite 22

[12] Die US-amerikanische Designerin Aroussiak Gabrielian interessiert sich für die Verbindung von Mensch und Natur. 2019 hat sie einen »tragbaren Garten« *(Wearable garden vest)* gestaltet. Die Pflanzen ernähren sich vom Urin der Trägerinnen und Träger. → Seite 23

WIE WOLLEN WIR WOHNEN?

[13] Die Rundhütte (Rondavel) hat in einigen afrikanischen Ländern südlich der Sahara eine lange Tradition. Sie wird aus Materialien wie Steinen und Ästen gebaut und anschließend mit einer Mischung aus Lehm und Rinderdung verputzt. Die geschlossenen Wände und das mit Schilf gedeckte Dach verhindern die direkte Sonneneinstrahlung. → Seite 26

[14] Die Architekturschaffenden Virginia San Fratello und Ronald Rael aus den USA bauen Lehmhäuser im 3D-Druckverfahren. Aus der Düse des riesigen Druckers fließt Lehm, der so die gewünschte Form erhält. Inspirieren lassen sie sich dabei von den hufeisenförmigen Bauwerken der Anasazi, die vor fast 1000 Jahren im Südwesten Nordamerikas lebten. → Seite 26/27

[15] Das Architektenteam Ferdinand Ludwig und Daniel Schönle aus Deutschland entwirft selbst wachsende Baumhäuser. Dieses *Haus der Zukunft* ist zwar schon gepflanzt, aber noch nicht bewohnbar. → Seite 28

[16] Die *schwimmenden Ökostädte (Floating Ecopolis)* des belgischen Architekten Vincent Callebaut könnten Menschen ein Zuhause bieten, die wegen des Klimawandels ihre Heimat verlassen mussten. → Seite 29

[17] Der deutsch-schweizerische Maler und Grafiker Walter Jonas entwarf 1965 seine Vision von einer *Intrapolis* (Innenstadt). In den Gartenwohnungen der *Trichterhäuser* sollten die dort wohnenden Menschen vom Großstadtlärm abgeschirmt werden. In der Mitte jedes Trichters waren Parkanlagen geplant. → Seite 29

[18] Der deutsche Architekt Van Bo Le-Mentzel hatte 2015 die Idee, Häuser zu bauen, die sich auch Menschen mit geringem Einkommen leisten können. Seine *Tiny Houses* sind mit Küche, Bad, Büro, Schlaf- und Wohnzimmer ausgestattet und schon für 100 Euro zu mieten. → Seite 30

[19] Das *Four Seasons Hotel, Times Square NY* wurde 1971 vom Architekten Zamp Kelp entworfen. Er war Mitbegründer von *Haus-Rucker-Co*, einer Gemeinschaft von Kreativen. *Hausruck* ist der Name eines Bergzuges. *Haus-Rucker* möchten aber nicht Berge, sondern alte Häuser »wegrücken« und dadurch Platz für neue Ideen schaffen. → Seite 30

[20] Noch steht die Marsstation *(HI-SEAS)* auf einem Vulkan in Hawai, bald jedoch könnte sie auf den Mars transportiert werden. In diesem kuppelartigen Gebilde sollen Menschen über mehrere Monate auf engstem Raum zusammenleben. → Seite 31

WIE WOLLEN WIR UNS FORTBEWEGEN?

[21] Das Kreativteam *Terreform ONE* hat sich überlegt, wie New York in der Zukunft aussehen könnte: Hier sind Autos aus der Innenstadt verbannt und die Menschen in öffentlichen Verkehrsmitteln sowie zu Fuß unterwegs. → Seite 34/35

[22] Der israelische Historiker Yuval Noah Harari beschreibt in seinem Buch *Homo Deus - Eine Geschichte von Morgen* aus dem Jahr 2015 »Maschinenmenschen«, die auf ihren Sprungfederbeinen rasend schnell laufen können. → Seite 34/35

[23] Aimee Mullins wurde ohne Unterschenkel geboren. Trotz dieser Behinderung nahm sie schon als Jugendliche an Sportveranstaltungen teil. Heute arbeitet sie erfolgreich als Athletin, Schauspielerin und Model. → Seite 35

[24] Schon in den 1960er Jahren wurden die steigenden Pkw- und damit Unfallzahlen in deutschen Städten als Problem erkannt. Als Lösungsansatz entwarf der deutsche Grafiker Klaus Bürgle Stadtautos auf Schienen. → Seite 36

[25] Das Kreativteam *Terreform ONE* aus den USA entwarf 2008 den *SOFT Blimp Bumper Bus*. Da sich dieser »fliegende Bus« nur sehr langsam bewegt, können die Passagiere jederzeit ein- und wieder aussteigen. → Seite 36/37

[26] Der *Hyperloop* wurde 2013 von einem Team aus Ingenieurinnen und Ingenieuren im Auftrag des Unternehmers Elon Musk entwickelt. Innerhalb einer Röhre ermöglicht ein Teilvakuum, dass sich Kapseln nahezu in Schallgeschwindigkeit bewegen. Solarzellen auf dem Dach versorgen das System mit klimafreundlicher Energie. → Seite 37

[27] Der deutsche Grafiker Klaus Bürgle hat 1968 in seinen Zeichnungen *Das neue Universum* ein Tunnelsystem entworfen. Hier können die Reisenden in Kapseln rasend schnell transportiert werden. → Seite 37

[28] Der Roboter *Momaro* wurde 2015 von Wissenschaftlerinnen und Wissenschaftlern der Universität Bonn in der Arbeitsgruppe Autonome Intelligente Systeme entwickelt. → Seite 38

[29] Der französische Künstler Jean-Marc Coté hat sich, gemeinsam mit anderen Kunstschaffenden, in seiner um 1900 entstandenen Zeichnung ausgemalt, wie sich Feuerwehrleute in der Zukunft fortbewegen könnten. → Seite 38/39

[30] Der Architekt Ron Herron aus Großbritannien hatte in der Zeit des Kalten Krieges in den 1960er Jahren die *Laufende Stadt (Walking City)* entworfen, die von militärischen Gegnern kaum angreifbar gewesen wäre. → Seite 38/39

WIE WOLLEN WIR UNSERE ENERGIE ERZEUGEN?

[31] Fossile Energieträger wie Erdöl, Kohle und Erdgas entstanden vor Jahrmillionen aus abgestorbenen Pflanzen und Tieren und befinden sich heute oft tief unter der Erdoberfläche. In einigen Jahrzehnten werden diese Energieressourcen aufgebraucht sein. → Seite 40

[32] Der belgische Architekt Vincent Callebaut entwickelt in seinem Projekt *2050 Paris Smart City* Ideen, wie Paris in eine grüne und lebenswertere Stadt verwandelt werden könnte. Hier soll die Energie an dem Ort erzeugt werden, wo sie gerade gebraucht wird. → Seite 42/43

[33] Pashon Murray gründete 2010 die Firma *Detroit Dirt*. Mit ihrem Engagement möchte sie die Bevölkerung über eine nachhaltige Lebensführung aufklären. → Seite 44

[34] Die Minibiogasanlage *HomeBiogas* wurde 2012 von israelischen Forschenden entwickelt. Mit Hilfe von Bakterien verwandelt sie Bioabfälle in Gas für den Kochherd und in flüssigen Pflanzendünger für den Garten. → Seite 44/45

[35] Die Architekturschaffenden Rychiee Espinosa und Seth McDowell aus den USA entwickelten 2013 die Idee *City of Blubber* für den Stadtstaat Hongkong. Hier könnten Lebensmittelabfälle mit Hilfe von Pilzen in das Kunststoffmaterial *Blubber* umgewandelt werden. Auf diesem Blubbergebilde könnten dann sogar Menschen spazieren gehen. → Seite 45

[36] Die US-Amerikanerin Lindsay Stradley gründete 2009 mit ihrem Team das Unternehmen *Sanergy*, das die *Fresh life toilets* herstellt. Ähnliche Containertoiletten, die nicht an eine Kanalisation angeschlossen werden müssen, kommen bereits in anderen Ländern zum Einsatz. → Seite 47

WAS WOLLEN WIR WISSEN?

[37] Der griechische Philosoph Sokrates lebte im 5. Jahrhundert vor Christus. Bis zur heutigen Zeit haben seine Ideen nichts von ihrer Aktualität verloren. → Seite 48

[38] Der französische Künstler Jean-Marc Coté hat sich um 1900, gemeinsam mit anderen Kunstschaffenden, in einer Serie von Zeichnungen mit dem Titel *Im Jahr 2000 (En L'An 2000)* vorgestellt, wie die Menschheit in der Zukunft leben wird. → Seite 50

[39] Der Schweizer Psychologe Jean Piaget hat sich damit beschäftigt, wie Kinder lernen. Ein Credo seiner Arbeit lautet: Wenn du einem Kind etwas beibringst, nimmst du ihm die Chance, es selbst zu entdecken. → Seite 51

[40] Das *Örestad Gymnasium* in der dänischen Hauptstadt Kopenhagen wurde 2007 gebaut und gilt als eine der fortschrittlichsten Schulen der Welt. Hier werden pädagogische Konzepte in innovativen Architekturräumen ausgetestet. → Seite 51

[41] Über eine Suchmaschine können wir im *World Wide Web (WWW)* viele Antworten auf unsere Fragen finden. Dieses »Netz« ist ein Teil des Internets, zu welchem zum Beispiel auch E-Mail-Dienste zählen. → Seite 52

[42] Der Roboter *Elias* der finnischen Firma *Curious Technologies Ltd.* wird bereits in der Stadt Tampere (Finnland) im Fremdsprachenunterricht eingesetzt. → Seite 53

[43] Computersysteme mit einer »starken« *künstlichen Intelligenz (KI)* sollen in Zukunft ähnlich wie ein menschliches Gehirn funktionieren. Sie können selbstständig Aufgaben lösen und sogar neue Dinge dazulernen. → Seite 53

[44] Der US-amerikanische Forscher Raymond Kurzweil arbeitet schon lange daran, das menschliche Gehirn mit einem Computer zu verbinden. Er ist davon überzeugt, dass uns schon bald winzig kleine Maschinen *(Nanobots)* beim Denken unterstützen, die dann direkt in unsere Gehirnwindungen eingepflanzt werden. → Seite 53

[45] Der britische Autor Sir Ken Robinson war davon überzeugt, dass Fantasie und Kreativität in der Zukunft sehr gefragt sein werden. Deshalb forderte er, dass diese Fähigkeiten als Unterrichtsfach in der Schule eingeführt werden sollten. → Seite 54

[46] Aus dem Schimmel einer ungesäuberten Petrischale entwickelte der schottische Mediziner Alexander Fleming im Jahr 1928 »aus Versehen« das Medikament Penicillin, das seitdem Millionen von Menschen das Leben gerettet hat. → Seite 54

[47] Der Zukunftsforscher Gerd Leonhard warnt davor, die entscheidende Frage, nämlich wie wir in Zukunft zusammenleben möchten, von Computersystemen entscheiden oder beantworten zu lassen. Laut Leonhard können sie die Folgen ihrer Entscheidung gar nicht beurteilen, da sie nicht fühlen, also keine Emotionen erzeugen können. → Seite 54

[48] Wie wichtig Fantasie ist beschreibt der deutsche Physiker Albert Einstein im Interview *What Life Means to Einstein*. (*The Saturday Evening Post*, 1929) → Seite 55

WAS WOLLEN WIR SPIELEN?

[49] Für den niederländische Kulturhistoriker Johan Huizinga sind wir alle spielende Menschen *(Homo ludens)*, die sich selbst und ihre Umwelt durch das Spiel entdecken und verstehen lernen. → Seite 56

[50] Mit Hilfe dieser Brille erscheint vor deinen Augen eine am Computer erzeugte dreidimensionale *(3D)* Welt, in der du dich wie in der Realität frei bewegen kannst. *(Virtual Reality)* → Seite 58

[51] Wenn du einen Gegenstand mit speziellen Datenhandschuhen berührst, erzeugen Sensoren Druck auf deiner Hand. Dann hast du das Gefühl, als ob du Oberflächen ertastest. → Seite 58

[52] Firmen wie Sony und Samsung wollen bald Kontaktlinsen verkaufen, in denen ein Minicomputer eingebaut ist. Künstliche Welten könnten dann direkt vor deinen Augen entstehen. → Seite 58

[53] Die US-amerikanische Spieleentwicklerin Jane McGonigal glaubt, dass wir mit Hilfe von *ernsten Onlinespielen (Serious Games)* gesellschaftliche Probleme lösen werden. Denn im Spiel können wir gemeinsam verschiedene Dinge ausprobieren, ohne Angst haben zu müssen, Fehler zu machen, die auf das wirkliche Leben Einfluss haben. → Seite 59

[54] Der US-amerikanische Zukunftsforscher Richard Buckminster Fuller entwickelte 1961 das *World Peace Game*. Hier sollen die Mitspielenden kreative Lösungen für gesellschaftliche Probleme wie Überbevölkerung oder die ungerechte Verteilung von Rohstoffen und Reichtum entwickeln, ohne dabei der Umwelt Schaden zuzufügen. Ziel dieses Spiel ist es, die Lebensqualität aller Menschen zu verbessern. → Seite 58/59

[55] Der niederländische Kulturhistoriker Johan Huizinga beschreibt das Spiel als einen »*Zauberkreis*«, in welchem es Spielregeln gibt, die nur in diesem Spiel gelten. → Seite 60

[56] Wenn du bei Onlinespielen die Regeln durchschaust, kannst du diese auch unterwandern und so selbst kreativ werden. *(Creative Gaming)* → Seite 60

[57] Der deutsche Philosoph Friedrich Nietzsche meinte, dass wir keine Angst vor Unordnung und Chaos zu haben brauchen, da gerade daraus oft auch Kreativität entstehen kann. (*Also sprach Zarathustra*, 1883) → Seite 60

[58] Der chilenische Schriftsteller Pablo Neruda schrieb diese Gedanken in seinen Erinnerungen *Ich bekenne, ich habe gelebt: Memoiren* (1974). → Seite 62

[59] *Gamification* bedeutet, dass Elemente des Spiels auf das wirkliche Leben übertragen werden. Der US-amerikanische Spieledesigner Greg Costikyan meint, dass beim Spiel alle gleichberechtigt sind und mitbestimmen können. Diese Fairness wünscht er sich auch im richtigen Leben. → Seite 62

HB
Water-based varnish Wasserlack

ZUR ILLUSTRATORIN UND AUTORIN

Patricia Thoma, geboren 1977, ist bildende Künstlerin, Museumspädagogin sowie Illustratorin und Autorin von Kinderbüchern. Nach ihrem Kunststudium am Chelsea College of Art and Design in London lehrte sie an Universitäten in China. Jetzt begeistert sie im Auftrag des Goethe-Instituts Kinder und Jugendliche weltweit für das Zeichnen.
Ihre Arbeiten wurden mit zahlreichen Preisen ausgezeichnet, mit Stipendien gefördert und sind in internationalen Ausstellungen zu sehen.

DANKSAGUNG

An dieser Stelle möchte ich mich bei allen Menschen bedanken, die durch ihr Engagement das Gelingen dieses Buches erst möglich gemacht haben.
Insbesondere Stefanie Schweizer für die konstruktiven Impulse und ihre Begeisterungsfähigkeit sowie David Lode für den mentalen und lektoralen Einsatz.

Dieses Buch ist erhältlich als:
ISBN 978-3-407-75609-1 Print

in der Verlagsgruppe Beltz · Weinheim Basel
Werderstraße 10, 69469 Weinheim

Quellen, Zitat- und Bildnachweise im Anhang

Konzept, Text und Illustration: Patricia Thoma
Lektorat: Stefanie Schweizer
Innen- und Einbandgestaltung: Patricia Thoma
Herstellung: Elisabeth Werner
Druck und Bindung: Beltz Grafische Betriebe, Bad Langensalza
Printed in Germany
1 2 3 4 5   25 24 23 22 21

Weitere Informationen zu unseren Autor_innen und Titeln finden Sie unter:
www.beltz.de

ZUKUNFT